Paris
1920

Izoulet, Jean-Bernard

Les vingt quatre armures de la Pangermanie

ou qu'appellez-vous désarmer l'Allemagne?

LES

VINGT-QUATRE
ARMURES
DE LA
PANGERMANIE

OU

"Qu'appelez-vous donc désarmer l'Allemagne?"

Par

Jean IZOULET

Professeur de Philosophie Sociale au Collège de France

PARIS
LIBRAIRIE H. FLOURY
1, boulevard des Capucines

1920

LES

VINGT-QUATRE
ARMURES
DE LA
PANGERMANIE

ou

" Qu'appelez-vous donc désarmer l'Allemagne ? "

Par

Jean IZOULET

Professeur de Philosophie Sociale au Collège de France.

PARIS
LIBRAIRIE H. FLOURY
1, boulevard des Capucines

1920

Table des Matières.

Lettre d'Envoi à la Presse

LE « TITANIC »

Paris, ce 26 mai 1920.

Monsieur le Directeur,

Personne n'ose voir ou n'ose dire la vérité.

Sans engager en rien qui que ce soit, je prends sur moi d'oser.

Vous rappelez-vous le Titanic, en cours de route, dans les brumes du soir, touché par un monstrueux et sournois iceberg, et aussitôt commençant à couler lentement, sans que personne à bord paraisse s'en douter.

En bas, dans la magnifique salle à manger, lumineuse et fleurie, tous les dîneurs continuent à dîner.....

Mais tout à l'heure, ils vont se précipiter sur le pont et chanter l'hymne des agonisants : Plus près de toi, mon Dieu !

Pareillement, dans les diplomatiques brouillards d'automne 1918, le vaisseau de l'Entente a été touché par un monstrueux et sournois iceberg, je veux dire par le fatal Armistice de novembre...

Et, par le funeste Traité de paix de juin suivant, la brèche a été élargie...

Et, depuis lors, imperceptiblement, lentement, sûrement, le vaisseau de l'Entente est en train de sombrer.

Est-il encore temps d'aveugler la voie d'eau ?

Oui, je crois, aujourd'hui.

Mais pas demain.

Veuillez agréer, monsieur le Directeur, l'expression de mes sentiments les plus distingués.

JEAN IZOULET.

Introduction

L'ALLEMAGNE INCONNUE

OUI, qu'appelez-vous donc désarmer l'Allemagne ?

Car le désarmement de l'Allemagne, c'est partout et toujours, chez les Alliés, le mot qui revient à satiété.

Disons-le d'emblée : pour désarmer les bras, en Allemagne, il faudrait désarmer les cerveaux et les cœurs !

Traduction : il faudrait abolir *des visions et des visées planétaires et millénaires !*

Et cela, ce sont les armures *invisibles et inaccessibles,* les armures *intérieures* de la Pangermanie — sous-jacentes à ses armures visibles et *accessibles,* à ses armures *extérieures,* et *génératrices* de celles-ci, en vertu même de la loi biologique de par laquelle l'*organe* est créé par la *fonction...*

°
° °

Or, combien sont-elles, d'abord, *les armures invisibles et inaccessibles, les armures intérieures* de la Pangermanie ?

J'en ai compté *vingt,* tout simplement ! D'autres feront mieux.

Mais ces *vingt* me suffiront pour faire entrevoir ce que j'appelle *la Guerre vue en profondeur.*

Et, à leur tour, *les armures visibles et accessibles, les extérieures armures* de la Pangermanie, combien sont-elles ?

Quatre seulement, — mais si redoutables !

°
° °

Et de ces *vingt* armures *intérieures* de la Pangermanie, qu'en avez-vous fait ?

Vous les avez pour ainsi dire totalement ignorées.

Et de ces *quatre* armures *extérieures* de la Pangermanie, qu'en avez-vous fait ?

Sauf une seule, et encore très provisoirement et très illusoirement, vous les avez toutes soigneusement *conservées.*

Que dis-je ? vous les avez même vigoureusement *renforcées !*

Que dis-je encore ? vous avez fait bien plus pour l'Allemagne : vous avez renversé tous les obstacles devant elle, et vous l'avez laissée seule debout, intacte et intensifiée, au milieu des trois empires (russe, turc et autrichien) disloqués et effondrés !

Et c'est cela que vous appelez le *désarmement de l'Allemagne !*

A grands traits, dans un tableau d'ensemble, esquissons ce beau cas de quadruple folie.

Les Vingt Armures Intérieures de la Pangermanie.

1ᵉʳ juin 1920.

I.

LA PRUSSE-ALLEMAGNE
ET SA QUADRUPLE « POUSSÉE ETHNIQUE »

Toujours les Germains ont pullulé dans leurs forêts, et toujours la Germanie a été regardée comme la *matrice des peuples*.

Toujours cette exubérance a débordé en expansion.

Et toujours cette expansion a été aussi experte aux *infiltrations lentes* qu'aux *invasions violentes*.

Toujours cette expansion sans fin s'est traduite en ambitions sans frein !

D'où cette quadruple source des poussées et des ruées germaniques :

> 1° la natalité exubérante ;
> 2° l'expansion débordante ;
> 3° la souplesse des moyens ;
> 4° l'exaltation des fins !

L'exubérante prolifération, l'exubérante production de la vie, l'exubérante passion de la vie : voilà le principe fondamental de la force, cause et effet de la force !

De beaucoup, le premier des capitaux, n'est-ce pas *le capital humain ?*

Misérables les pays où l'on voit *l'or* abonder et la vie *tarir !*

Ce sont des proies offertes.

Dans un livre qui peut être considéré comme son testament national, notre illustre collègue du Collège de France, M. Paul Leroy-Beaulieu, a tracé ces deux prophéties fulgurantes :

1° Si, d'ici *deux siècles*, elle n'a pas réussi à peupler les espaces encore vacants de la planète, *la Race blanche sera submergée par les Races de couleur !*

2° Et si persiste l'actuelle dépression de la natalité française, *en six générations, la France se trouvera réduite à dix millions d'habitants !*

Et que pèsera alors son *droit* devant la *force ?* Voyez les deux mouvements inverses de la natalité en France et en Allemagne, et, par hypothèse extrême, supposez-les tous deux arrivés *à la limite :* soit, par exemple, *cent millions* d'habitants en Allemagne, et *un million* d'habitants en France.

Certes, vous n'aurez plus alors pour vous la *force.* Mais, aux yeux de l'opinion internationale, aurez-vous encore pour vous le *droit ?*

Quelle illusion !

Par l'avis explicite, ou par l'aveu tacite du monde entier, « les cinq fils de la famille allemande » seront pleinement autorisés à exproprier « le fils unique de la famille française » !

La *natalité germanique*, source première de la *poussée ethnique*, se trouvera donc être à la fois la cause génératrice et la raison justificatrice de la *Pangermanie* !

Les Vingt Armures Intérieures de la Pangermanie.

II.

LA PRUSSE-ALLEMAGNE
ET SA QUADRUPLE « AVANCÉE HISTORIQUE »

La quadruple *poussée ethnique* se traduit en une quadruple *avancée historique :*

1º Autour de l'Electorat de Brandebourg s'est formé le *Royaume de Prusse :*

2º Et, autour du Royaume de Prusse, s'est formé l'*Empire allemand.*

Voilà pour le passé.

Voyons l'avenir :

3º Autour de l'Empire allemand *doit* se former l'*Empire d'Europe ;*

4º Et, autour de l'Empire d'Europe, *doit* se former l'*Empire du Monde !*

Cette quadruple vision fascine le regard des 80 millions d'Allemands groupés ou dispersés dans le vaste monde.

Les deux premières visions, c'est hier.

Les deux dernières visions, c'est demain.

Aussi sûrement que les deux premières étapes ont été réalisées, aussi sûrement, pour tout Allemand, les deux dernières *doivent* se réaliser.

Et, en effet, sachons-le bien, si les deux *premières réalisations* restent intangibles, oui, sachons-le bien nous-mêmes, soyons-en nous-mêmes bien assurés, c'est irrésistiblement et fatalement que *les deux dernières se réaliseront.*

Les Vingt Armures Intérieures de la Pangermanie.

2 juin, 1920.

III.

LA PRUSSE-ALLEMAGNE
ET SA QUADRUPLE « ASSISE NATIONALE »
OU LE « QUADRILATÈRE DES FORCES »

COMME notre plus grand philosophe français contemporain, Auguste Comte, le plus notoire philosophe de l'Angleterre contemporaine, *Herbert Spencer*, a entrepris lui aussi de fonder sur des bases positives la *Sociologie*.

Et sa thèse fondamentale est la suivante :

1° les civilisations du *passé* étaient *religieuses et guerrières ;*

2° les civilisations de l'*avenir* seront *scientifiques et industrielles.*

Ceci tuera cela ?

Cette antithèse, si pitoyablement simpliste et superficielle, a fait fortune dans nos *démocraties d'Occident.*

A bas la *Religion* et la *Guerre !* et vivent la *Science* et l'*Industrie !*

Tel paraît bien être, de plus en plus, le mot d'ordre du Suffrage universel.

o o o

Ai-je besoin d'y insister ?

Pour moi, ce sont là deux erreurs incalculables et pitoyables.

Dans son essence, qui est la *concurrence vitale,* la GUERRE est une indestructible loi biologique.

Comme je l'expliquerai quand il faudra, la Guerre devra subir des *transformations ou des transpositions :* mais dans son essence, en tant que *concurrence vitale,* la Guerre est indestructible.

Et pareillement la RELIGION.

Dans son essence, qui est un *acte de foi en la Vie et en l'Etre,* la Religion, elle aussi, est indestructible.

Ses formes peuvent changer : mais sa substance est éternelle.

o o o

Insensés donc les individus ou les peuples qui abjurent la *foi religieuse* et l'*énergie guerrière,* — sous prétexte de mieux s'adonner à l'*enquête scientifique* et à l'*activité industrielle !*

Ces quatre vertus, loin de *s'exclure, s'incluent.*

Et c'est précisément ce qu'a si bien compris l'Allemagne !

Ne la voit-on pas industrialiser la guerre et militariser l'industrie ?

Ne la voit-on pas s'efforcer de pénétrer de ferveur religieuse l'enquête scientifique et de lucidité scientifique la foi religieuse ?

« La vraie piété, disait Leibnitz, c'est une *ardeur éclairée* ».

Pour l'Allemagne, la *Religion* et la *Science* sont également légitimes et précieuses ; et également légitimes et précieuses aussi sont la *Guerre* et l'*Industrie*.

Jalousement, l'Allemagne conserve et combine ces quatre institutions.

Et c'est ce qui constitue chez elle ce que j'appelle le QUADRILATÈRE DES FORCES.

Comparez avec telle ou telle de nos démocraties d'Occident, où, soit une, soit deux, soit même trois, de ces quatre forces, sont plus ou moins sous-estimées, et par conséquent, sous-alimentées, c'est-à-dire plus ou moins anémiées ou atrophiées !

Or, qu'est-ce, pour l'Allemagne, que ce *Quadrilatère des forces ?*

C'est tout simplement la charpente et l'ossature même du *Pangermanisme*.

En quatre volumes in-octavo, M. Andler a biographié et analysé la cinquantaine d'écrivains qui représentent, incarnent et personnifient le *Pangermanisme contemporain*.

Mais, de cette cinquantaine de *Pangermanistes*, *un* doit être mis à part, hors cadre et hors pair, — à savoir *Fichte*.

C'est à ce descendant d'un *soldat suédois*, resté en Allemagne après la *Guerre de Trente ans*, que doit revenir l'honneur d'avoir été — *en quatre mots* — le premier et le plus complet fondateur du *Pangermanisme*.

Oui, en *quatre mots* qui sont le fond même de ses douze *Discours à la nation allemande!*

En *quatre mots* qu'il articulait dans sa chaire de l'Université de Berlin, sur l'*Avenue des Tilleuls*, pendant que, dans la même Avenue des Tilleuls, résonnaient les tambours et défilaient les soldats de Napoléon !

Et quels sont-ils ces *quatre mots ?*

Les voici :

> *Arminius...*
> *La Hanse...*
> *Luther...*
> *Leibnitz...*

Pour l'Allemagne, qu'est-ce qu'*Arminius ?*

Arminius, c'est l'échec infligé aux Légions d'Auguste ; c'est la victoire de la Germanie sur la *Rome impériale*.

Arminius, c'est l'*Impérialisme guerrier !*

Pour l'Allemagne, qu'est-ce que *la Hanse ?*

La Hanse, les villes hanséatiques, c'est l'hégémonie économique de la Germanie, au *Moyen Age*.

La Hanse, c'est l'*Impérialisme commercial !*

Pour l'Allemagne, qu'est-ce que *Luther* ?

Luther, c'est l'échec infligé au pape Léon X ; c'est la victoire de l'Allemagne sur la *Rome pontificale.*

Luther, c'est l'*Impérialisme religieux !*

Pour l'Allemagne, qu'est-ce que *Leibnitz* ?

Leibnitz, c'est l'Aristote moderne.

Leibnitz, c'est l'hégémonie philosophique acquise à l'Allemagne, par-dessus le Sémite Spinoza, par-dessus le Français Descartes, par-dessus l'Anglais Newton !

Leibnitz, c'est l'*Impérialisme scientifique !*

Récapitulons :

     1º Arminius, ou la *Guerre ;*

     2º La Hanse, ou le *Commerce* et l'*Industrie ;*

     3º Luther, ou la *Religion ;*

     4º Leibnitz, ou la *Science* et la *Philosophie ;*

Pour l'*Angleterre Spencérienne,* ces quatre forces, prises deux à deux, s'opposent et s'excluent.

Mais pour l'*Allemagne Hégélienne,* elles se composent et s'incluent.

Ainsi l'Allemagne, loin de rien rejeter, prétend tout conserver et combiner :

     Religion et Science !

     Guerre et Industrie !

Et n'est-ce pas là précisément ce que j'ai appelé le *Quadrilatère des forces* ?

Et n'est-ce pas ce Quadrilatère des forces qui constitue l'*ossature même de la Pangermanie* ?

Les Vingt Armures Intérieures de la Pangermanie.

V.

LA PRUSSE-ALLEMAGNE
ET SA QUADRUPLE « EMPRISE INTERNATIONALE »
OU LE « QUADRILATÈRE DES COMPLICITÉS »

MI-INCONSCIEMMENT et mi-consciemment, l'ambitieuse Allemagne a cherché et trouvé au dehors, chez les peuples rivaux, les plus incroyables, et en apparence les plus inconciliables, connivences et complicités.

Et c'est là le fait le plus dangereux de l'heure présente.

Oui, chose prodigieuse, — et désastreuse, — au temps présent, *quatre Internationales* travaillent spontanément, sinon gratuitement, pour le compte du *Nationalisme allemand !*

Oui, quatre ardentes et puissantes *Internationales*, pour cet ardent et puissant *Nationalisme !*

°
° °

Pour l'Allemagne travaille l'*Internationale de l'Impérialisme religieux.*

Sujet immense, que je ne saurais traiter ici, mais que je peux du moins éclairer par une anecdote.

Quelques années avant la Grande Guerre, à Berlin, je déjeunais chez un diplomate d'élite, ambassadeur de l'un des plus grands Etats de l'Amérique latine, homme de triple distinction, par l'esprit, le rang et la fortune.

Et mon hôte me disait :

« Certes, nos sympathies ethniques sont pour la France. Mais au sortir de tout un siècle de révolutions, nos pays sud-américains sont affamés et assoiffés d'ordre. Or, que nous vient-il trop souvent de France ? Des idées d'athéisme et d'anarchie ! Avec regret, nous sommes bien obligés de nous tourner vers l'Angleterre, et surtout vers l'Allemagne... »

Et ce galant homme paraissait aussi attristé que sincère.

Son cas n'est-il pas pour nous bien instructif ?

Voilà un *Latin, catholique et républicain,* involontairement polarisé (alors) vers une *monarchie, germanique et protestante !*

Pourquoi ? Parce que, à tort ou à raison, en Allemagne du moins, il croyait sentir, *sous l'hérésie, le respect de l'idée religieuse...*

Par combien de dizaines ou de centaines, par combien de milliers ou de millions d'hommes faut-il multiplier le cas de mon Sud-Américain ?

11

Et voilà donc une première connivence, une première complicité, dont bénéficie l'Allemagne chez les autres nations : voilà une première *Internationale* qui travaille pour l'Allemagne !

Et combien importante, à raison de son intimité et de sa profondeur, puisqu'il s'agit d'une *Internationale religieuse !*

° ° °

Et pour l'Allemagne travaille également l'*Internationale de l'Impérialisme scientifique !*

N'est-ce pas l'Allemagne qui a fait la Réforme, qui a rompu avec la Papauté, qui a marié les Prêtres, et qui a *fait passer les Prêtres par les Universités,* pour les initier à la Science moderne, à la Philosophie moderne, à la Pensée moderne, et en faire ainsi des libres-pensants, sinon des libres-penseurs ?

Les vingt-deux Universités allemandes n'ont-elles pas été considérées comme les sanctuaires mêmes de la Science ?

L'Allemagne n'a-t-elle pas été plus ou moins considérée comme la patrie même de la plus indépendante et de la plus puissante des Philosophies ?

Toute la libre-pensée internationale connive plus ou moins avec la Germanie.

° ° °

De même que travaillent pour l'Allemagne deux Internationales qui semblent opposées : l'*Internationale de l'Impérialisme religieux* et l'*Internationale de l'Impérialisme scientifique;* de même travaillent pour l'Allemagne deux autres Internationales qui semblent non moins opposées, à savoir :

l'*Internationale de l'Impérialisme guerrier* et l'*Internationale de l'Impérialisme économique, industriel et financier.*

° ° °

D'abord l'*Impérialisme guerrier.*

Avant la Grande Guerre, pendant que sévissait le Pacifisme international, est-ce que tout ce qu'il restait d'esprit militaire sur la terre n'était pas orienté vers Berlin ?

Est-ce que le Junker n'incarnait pas le type même de l'Officier ?

Est-ce que le Grand Etat-Major de Berlin n'apparaissait pas comme le sanctuaire même du culte de l'Armée ?

° ° °

Arrivons à l'*Impérialisme économique et industriel,* — lequel se subdivise en deux :

l'*Impérialisme financier*
et l'*Impérialisme ouvrier.*

Ici les faits sont plus connus, et il suffit de les rappeler.

Qui ne sait que la *Finance internationale* est accusée de travailler pour l'Allemagne ?

Qui ne sait que la *Finance française*, à tort ou à raison, est accusée d'avoir, pendant tout l'Entre-deux Guerres, mis l'épargne française au service de l'Allemagne, c'est-à-dire, au fond, au service de l'Armée allemande, et au service de l'Industrie allemande ?

Et qui ne sait que, depuis l'armistice du 11 novembre 1918, depuis la suspension de la Grande Guerre, la *Finance anglo-américaine* est accusée, à tort ou à raison, de collusion avec la *Finance allemande*, en vue d'épargner à l'Allemagne le versement des sommes impérieusement exigibles sinon pour rembourser les immenses frais de guerre, du moins pour réparer les immenses dommages de guerre des Alliés ?

°
° °

Et, comme travaille pour l'Allemagne l'*Internationale de l'Impérialisme financier*, de même travaille pour l'Allemagne, l'*Internationale de l'Impérialisme ouvrier*.

Qui ne connaît le coup de génie de Karl Marx, créant chez tous les peuples du monde *un parti marxiste*, c'est-à-dire au fond *un parti pro-allemand* ?

Et qui ne voit que ce *coup de génie* risque d'être pour tous les peuples non allemands un *coup mortel*, puisqu'il a pour but ou pour résultat de *diviser ces peuples contre eux-mêmes*, en y dissociant et en y entrechoquant :

> le Patron et l'Ouvrier,
> l'Employeur et l'Employé,
> le Capital et le Travail,
> le Patriciat et le Salariat !

°
° °

Récapitulons :

Dans toutes les nations, sauf l'Allemagne, la *Foi* et la *Science* sont en lutte aiguë.

Mais, par de secrètes affinités, dans toutes les nations, toutes deux, respectivement, sont plus ou moins orientées vers l'Allemagne.

Pareillement, dans toutes les nations, sauf l'Allemagne, la *Guerre* et l'*Industrie* sont en lutte aiguë.

Mais, par de secrètes affinités, dans toutes les nations, toutes deux, respectivement, sont plus ou moins polarisées vers l'Allemagne.

Et orientées et polarisées vers l'Allemagne sont les deux subdivisions mêmes de l'Industrie, à savoir l'*Oligarchie financière* et la *Social-Démocratie*.

Et cette quadruple connivence internationale, grosse peut-être de prochains désastres, c'est là précisément ce que j'appelle la *quadruple emprise* de l'Allemagne sur le monde entier, — ou le QUADRILATÈRE DES COMPLICITÉS.

13

Les Vingt Armures Intérieures de la Pangermanie.

3 juin 1920.

V

LA PRUSSE-ALLEMAGNE
ET SON « QUADRUPLE DRESSAGE MORAL ET MENTAL »

Le double dressage moral :

> *a)* Sa *Noblesse rurale,*
> *b)* Sa *Philosophie sociale.*

Au service de cette *quadruple poussée ethnique,* au service de cette *quadruple avancée historique,* au service de cette *quadruple assise nationale,* et au service de cette *quadruple emprise internationale,* l'Allemagne a institué un quadruple dressage moral et mental, dont l'existence même, et à plus forte raison l'intensité, paraissent à peine soupçonnées chez les Alliés, — à savoir,

> un double dressage *moral*
> et un double dressage *mental.*

Le double dressage moral ?

C'est l'énergie d'une solide *Noblesse rurale,* et c'est la *synergie* d'une profonde *Philosophie sociale.*

Entendez :

> c'est l'*énergie de la Terre ;*
> et c'est la *synergie de l'État.*

Combien y a-t-il aujourd'hui d'Occidentaux qui soient bien sûrs de mesurer à fond la portée et la vertu de ces deux simples mots :

> la Terre !
> l'État !

Pour ce qui est de l'État, aucune des nations de notre Occident ne paraît soupçonner même la richesse de ce concept.

C'est la tête puissante du grand Souabe Hegel qui a systématisé dans ce concept les instincts politiques des Hohenzollern, ces émules barbares de nos Capétiens.

Pour notre plus grande confusion nationale, notre principal historien français de la *Philosophie politique* n'est jamais parvenu à s'expliquer à lui-même ce qu'il appelle naïvement « cette notion *obscure* de l'Etat » !

Notion « obscure », l'Etat !

Alors que, pour Hegel précisément, l'Etat est le lieu où la nation devient TRANSPARENTE à elle-même !

Trait de génie, dont la science contemporaine ne fera que justifier de plus en plus la lumineuse profondeur...

Longtemps encore peut-être, sur ce concept hégélien de l'*Etat*, qu'un écrivain d'Allemagne vient encore d'exalter en l'appelant notre mystérieux *Daïmon* allemand, la pensée individualiste de notre Occident ne cessera de buter...

De l'*Etat*, passons à la *Terre*.

Même ici, l'Occident est-il sûr de pleinement comprendre ?

Il y a tant de choses dans ce mot, tant d'instincts profonds, qui, chez les Occidentaux (Anglais surtout), se sont, au cours des siècles, plus ou moins anémiés ou atrophiés !

L'angle nord-est de l'Allemagne, l'angle *prussien*, c'est un pays de *ruraux*, de ruraux grands et petits, — de ruraux *paysans* et de ruraux *agrariens*.

Et c'est ce bloc rural de population qui fournit à l'Allemagne entière ses *cadres militaires* et ses *cadres administratifs*, — ses *bureaucrates* et ses *officiers*.

Qu'est-ce à dire, sinon que ce *corps* d'officiers, ce *corps* de bureaucrates, c'est, non *un lot de fonctionnaires recrutés au hasard*, sans commune doctrine héréditaire, mais *un véritable cerveau de l'organisme national et social*, dont les hardies aspirations d'avenir plongent leurs racines dans les plus profondes traditions du passé.

Stein, le reconstructeur de la Prusse après Iéna, était un *agrarien* !

Bismarck, le constructeur de l'Allemagne après Sadowa et Sedan, était un *agrarien* !

Energie de la Terre et synergie de l'Etat, tels sont les deux régimes de dressage moral auxquels sont intensément soumis les peuples d'Allemagne.

C'est le mot fameux du général Rogge :

Il faut beaucoup de FER PRUSSIEN *dans le* SANG ALLEMAND !

Le double dressage mental :

> *a)* La revision de l'*Invasion barbare* ou du *Partage de l'Europe :*
> *b)* La revision de l'*Expansion coloniale* ou du *Partage de la Planète.*

Passons au double dressage mental.

Deux ambitions forcenées sont systématiquement inculquées par la Prusse à l'Allemagne.

On va en juger.

La Prusse-Allemagne est animée *d'une double fureur contre le monde entier.*

1º Au Vᵉ siècle, l'*Invasion barbare* s'est ruée sur l'*Empire romain.*

Mais l'Invasion était *sans méthode,* et, pour le Germain en particulier, s'est trouvée riche en péripéties, mais singulièrement pauvre en résultats.

Voyez le *Germain* en Europe aujourd'hui : il se trouve encastré entre le *Latin* et le *Slave,* — réduit à la portion congrue, aux terres pauvres et aux mers étroites, tandis que le Slave s'étend sur *les riches terres orientales,* sur les Continents, et que le Latin s'épanouit sur les *belles mers occidentales,* sur les Océans.

Ah! si l'Invasion barbare était à refaire!

Mais au fait, pourquoi donc le Germain ne la referait-il pas ? Et *méthodiquement,* cette fois !

En vain, depuis mille ans, par lente pesées ou sourdes poussées, s'efforce-t-il de s'élargir à l'Ouest et à l'Est, en refoulant patiemment le Slave et le Latin.

Quelles patiences cosmiques cela ne demande-t-il pas !

Pourquoi ne pas recourir à la violence globale et brutale, pour en finir d'un seul coup, c'est-à-dire pour exterminer ou subjuguer le Slave et le Latin, et monopoliser l'Europe entière pour le Germain ?

2º Mais cela encore serait loin de suffire.

Aux premiers siècles de notre Ere, l'Allemagne a *manqué son Invasion continentale !*

Dans les temps modernes, l'Allemagne a également *manqué son Expansion coloniale !*

N'est-ce pas là jouer de malheur ? N'est-ce pas là de quoi en vouloir mortellement aux dieux et aux hommes ?

C'est en effet dans les temps modernes qu'a eu lieu la *découverte du globe,* et que les Latins d'abord, et ensuite les Anglo-Saxons, ont avidement mis la main sur les nouveaux et les anciens Continents.

Voyez l'Angleterre : cette petite île brumeuse du Nord-Ouest Européen, ne commande-t-elle pas à quatre cent millions d'âmes, c'est-à-dire tout simplement au quart du genre humain ?

Par elle-même ou par ses filles ne possède-t-elle pas toute l'*Amérique du Nord!*

Et, en outre, la moitié de l'*Afrique ?* Et la moitié de l'*Asie ?* Et l'*Australie ?*

Tandis que « la vaillante et puissante » Allemagne est réduite à des rogatons épars aux quatre coins du Globe !

N'est-ce pas là une iniquité odieuse, un intolérable scandale, qu'il est plus que temps de faire cesser ?

°
° °

On le voit donc bien : nous sommes en présence de deux incroyables ambitions germaniques.

Première ambition : l'Allemagne prétend culbuter et déposséder *la France et la Russie,* et ainsi conquérir l'Europe.

Seconde ambition : l'Allemagne prétend culbuter et déposséder *l'Angleterre et les Etats-Unis,* et ainsi conquérir l'Amérique et l'Afrique, l'Asie et l'Australie !

16

N'avais-je pas raison de dire que l'Allemagne nourrissait deux ambitions forcenées ?

Et que penser par exemple de l'Angleterre d'aujourd'hui, de l'Angleterre « libérale » ou « radicale », qui s'imagine pouvoir assoupir ou résorber de telles ambitions, de tels appétits, alors que c'est *elle, Angleterre,* qui, des quatre grandes nations menacées, est, de beaucoup, au fond, LA PLUS VISÉE ?

Les Quatre Armures Extérieures
de la Pangermanie.

4 juin 1920.

VI

LA PRUSSE-ALLEMAGNE

ET SON « QUADRUPLE OUTILLAGE TOPOGRAPHIQUE ET BALISTIQUE »

TELS sont les vingt éléments de la *force intérieure* de la Prusse-Allemagne, — sources de sa *force extérieure*.

Telles sont les vingt strates géologiques de son sous-sol ou de son *infra-structure*, supports cachés de sa *super-structure*.

Telles sont ses *vingt invisibles et inaccessibles armures*, génératrices de ses *quatre armures visibles et accessibles*, que nous allons maintenant aborder, à savoir : .

Ses deux bases d'opérations :

> *a)* la Rhénanie usurpée *en 1815 ;*
> *b)* la Germanie subjuguée *en 1870 ;*

Ses deux instruments d'action :

> *a)* l'Armée créée par Sharnorst *après 1807 ;*
> *b)* la Marine créée par Guillaume II *après 1895.*

°
° •

De l'Armée et de la Marine, je ne dirai rien ici : ce sont des questions relativement connues.

Mais les deux autres questions, les questions de la *Rhénanie usurpée* et de la *Germanie subjuguée*, il faut les scruter à fond, car, semble-t-il, presque personne n'en mesure pleinement l'importance technique, que je révélerai en deux mots décisifs :

1° *L'Alsace-Lorraine est impossible à conserver,* — *si la Prusse continue à occuper la Rhénanie !*

2° *La Mittel-Europa est impossible à conjurer,* — *si la Prusse continue à dominer la Germanie !*

Qu'est-ce à dire, sinon que la *Rhénanie usurpée* et la *Germanie subjuguée*, ce sont là, aux mains de l'Allemagne, *deux armes terribles, deux armes irrésistibles,* qui, si on ne les lui arrache, lui donneront fatalement un jour :

1° Après l'Empire de l'Allemagne, *l'Empire de l'Europe,*

2° et après l'Empire de l'Europe, *l'Empire de la Planète !*

18

Deux fois, deux fois surtout, l'Allemagne a tenté la conquête de l'Europe et du Monde, — deux fois avec « deux familles fatales » :

1⁰ Jadis, l'Allemagne *méridionale et catholique*, avec l'*Autriche des Habsbourg* ;

2⁰ de nos jours, l'Allemagne *septentrionale et protestante*, avec la *Prusse des Hohenzollern.*

Et les deux fois, c'est la France qui a eu à porter le poids de la lutte et à en soutenir les chocs.

D'où jadis les guerres des XVI᷈ et XVII᷈ siècles, clôturées par le beau *Traité de Cateau-Cambrésis (1559)* et par le magnifique *Traité de Westphalie (1648)*.

Et, plus tard, les guerres des XVIII᷈, XIX᷈ et XX᷈ siècles, clôturées par les désastreux *Traités de Paris (1763)*, de *Vienne (1815)* et de *Francfort (1871)* et par le *Traité de Versailles (1918)*, qui aurait pu être, qui aurait dû être, au lieu d'une simple trêve, une triomphale et finale Pacification !

Laissons la *Lutte de la France avec la Maison d'Autriche* et ne retenons que la *Lutte de la France avec la Maison de Prusse.*

C'est en 1701 qu'on voit poindre en Europe un *nouveau sceptre royal*, — aussi imprévu qu'inquiétant.

Un Hohenzollern se couronne lui-même à Kœnigsberg, et ainsi amorce sourdement le transfert de la souveraineté allemande du Sud au Nord, du Danube à la Sprée !

En vain les Souverains Pontifes avertissent-ils l'Europe !

Clément XI n'est pas plus écouté, en dénonçant les *Hohenzollern*, au début du XVIII᷈ siècle, que ne l'avait été, au milieu du XIV᷈, la patricienne de Suède, *Sainte Brigitte*, en dénonçant les *Chevaliers Teutoniques !*

L'Europe en général et la France en particulier vont avoir à payer cher leur scepticisme et leur apathie.

En un siècle et demi, de cinquante en cinquante ans, trois coups de tonnerre vont se succéder :

Rosbach !
Waterloo !
Sedan !

Rosbach ! C'est l'avènement militaire de la Prusse en Europe.

C'est la grande gloire dont vont sortir les grands profits.

Waterloo ! c'est la Prusse bondissant à l'ouest sur la *Rhénanie !*

Sedan ! C'est la Prusse nous arrachant l'Alsace-Lorraine et subjuguant la *Germanie !*

Et voilà désormais l'Allemagne armée de ses deux armes terribles, de ses deux armes irrésistibles.

Germanie subjuguée et *Rhénanie usurpée*, sentons-nous bien exactement tout ce que cela veut dire ?

Comment traduire cela en images frappantes et pour ainsi dire sautant aux yeux ?

1º La *Prusse,* subjuguant la *Germanie,* c'est tout simplement la Prusse s'adjoignant *deux douzaines d'autres Etats,* d'autres Etats allemands, dont quatre grands et vingt petits.

C'est la Prusse *se doublant* de territoires et de populations.

C'est la Prusse sortant non seulement du rang des *poids légers,* dont elle était encore sous Frédéric-le-Grand, au milieu du XVIIIe siècle, mais même du rang des *poids moyens,* dont elle était déjà au milieu du XIXe, et s'élevant tout à coup décidément au rang des *poids lourds !*

2º Et d'autre part, la *Prusse* usurpant la *Rhénanie,* c'est tout simplement la Prusse s'installant sur la *Rive gauche du Rhin,* c'est-à-dire s'emparant d'un formidable avant-poste *d'élan et d'agression* contre toute l'Europe occidentale : France et Belgique, Espagne et Portugal, Angleterre, Italie !

Avec l'*Allemagne du Sud, ou Danubie,* la Prusse a acquis un formidable ARRIÈRE-POIDS DE MASSE.

Avec la *Rive gauche du Rhin, ou Rhénanie,* la Prusse a acquis un formidable AVANT-POSTE D'ATTAQUE.

Un *poids lourd,* la Prusse-Allemagne, s'avançant, comme *en surplomb* sur ces poids moyens ou ces poids légers que sont la France et la Belgique, n'est-ce pas là, pour toute l'Europe occidentale, le cauchemar de l'écrasement ?

« *Avant cinq ans,* a dit récemment von Kuhlmann, *nous serons très confortablement installés à Paris !* »

Et pour l'Europe et la Planète, n'est-ce pas là le cauchemar de l'asservissement ?

Car l'Allemagne est enclavée entre la France et la Russie : si elle parvient à subjuguer l'une des deux, elle est sûre de subjuguer l'autre.

Et, à son tour, l'Europe étant encadrée entre l'Amérique et l'Asie, une Europe germanisée arriverait vite à subjuguer l'une des deux et par contre-coup l'autre ; et ainsi lui appartiendrait la Planète !

Il n'y a donc de liberté pour l'Europe — ainsi que pour l'Amérique et l'Asie — que si l'Allemagne continue à être endiguée entre la France et la Russie ».

DEUXIÈME PARTIE

LA

QUADRUPLE ABERRATION
DU
CONGRÈS INTERALLIÉ

La Quadruple Aberration du Congrès Interallié.

5 Juin, 1920.

AINSI, d'un part, deux bases d'opérations (la Rhénanie usurpée et la Germanie subjuguée), et, d'autre part, deux instruments d'action (l'Armée et la Marine), voilà donc pour l'Allemagne ses quatre visibles et accessibles armures, ses *quatre armures extérieures,* — supportées ou projetées par ses vingt invisibles et inaccessibles armures, *ses vingt armures intérieures.*

Posons bien maintenant la question capitale.

En face de ce que j'appelle les *vingt-quatre armures de la Pangermanie,* comment s'est comporté le Congrès interallié ?

Le Congrès a commencé par nous imposer *le funeste armistice, sauveur de l'Allemagne,* l'armistice prématuré qui a réduit notre victoire à une *victoire virtuelle,* à une *victoire théorique,* à une victoire de *grandes manœuvres,* au lieu d'infliger à l'Allemagne l'écrasement final qui eût brisé son moral pour cent ans.

D'où ce consternant résultat, que l'Allemand s'est déclaré *invaincu,* et s'est aussitôt redressé, plus arrogant et plus provoquant que jamais.

Après quoi, le Congrès a prétendu vouloir désarmer l'Allemagne !

Comment s'y est-il pris ?

Il faut bien se donner ici l'amer spectacle de cette quadruple folie.

I.

Le Congrès, semble-t-il, a résolument ignoré les *vingt armures intérieures* de la Pangermanie, pour ne voir que ses *quatre armures extérieures.*

Hypocrisie ou duperie ?

Duperie plutôt, je crois.

Les Occidentaux *ignorent* l'Allemagne. Et, pour Renan, ce n'est point là seulement une ignorance *de fait,* mais une ignorance *de droit.*

Un génie français contemporain a dit ce mot profond :

« *Le matérialisme nous a rendus superficiels...* »

Et le démocratisme donc ! Ce *démocratisme,* qui n'est que le *matérialisme de la Politique,* comme le *matérialisme* n'est que le *démocratisme de la Philosophie !*

La plupart des nouveaux hommes d'Etat occidentaux qui sont allés en Allemagne paraissent s'y être promenés comme les insectes qui se promènent sur l'eau, — trop légers pour enfoncer et soupçonner même les profondeurs.

Que parlez-vous des *vingt armures intérieures* de la Pangermanie ?

La Prusse-Allemagne et sa quadruple poussée ethnique... La Prusse-Allemagne et sa quadruple avancée historique... La Prusse-Allemagne et sa quadruple assise nationale... La Prusse-Allemagne et sa quadruple emprise internationale... La Prusse-Allemagne enfin et son quadruple dressage moral et mental...

Qu'importe tout cela ?

Le Congrès interallié n'a voulu voir ou n'a su voir, de la Prusse-Allemagne, que ses *quatre armures extérieures*, son quadruple outillage balistique ou topographique :

Rhénanie usurpée et Germanie subjuguée ;

Armée et Marine.

II.

Soit ! Mais ce n'est rien encore, et il y a bien mieux.

De ces quatre armures extérieures, le Congrès a écarté les deux premières, à savoir, la *Germanie* et la *Rhénanie*, pour ne retenir que les deux dernières, à savoir, la *Marine* et l'*Armée*.

Enlever à la Prusse soit la Rhénanie, soit la Germanie : avec indignation le Congrès a rejeté ces deux prétentions exécrables !

Et il n'a voulu entendre parler que de *supprimer* TOTALEMENT *la Marine* et de *supprimer* PARTIELLEMENT *l'Armée*.

Or, il se trouve précisément que ces deux suppressions sont pratiquement *impossibles et illusoires !*

L'Angleterre a exigé que l'Allemagne lui livrât sa flotte.

A la bonne heure.

Mais l'Angleterre croit-elle naïvement que l'Allemagne, *rapidement relevée*, n'aura pas su construire clandestinement des escadres de SOUS-MARINS et des escadres d'HYDRAVIONS, pour, du fond des mers ou du haut des airs, bombarder ou torpiller les villes anglo-saxonnes ou les bateaux anglo-saxons !

Que les Anglo-Saxons veuillent bien méditer ces quelques lignes toutes récentes de M. Philippe Bunau-Varilla :

« C'est un fait que la guerre sous-marine a permis à l'Allemagne de couler un tonnage à peu près égal à *la moitié du tonnage* total de la marine de commerce de la Grande-Bretagne, c'est-à-dire *au quart* du tonnage de la marine du monde entier.

« C'est aussi un fait que cette énorme destruction a été réalisée par *un nombre insignifiant de sous-marins*, en position effective de combat.

« Le nombre de sous-marins au travail — sans compter ceux allant vers leurs bases ou en revenant, ceux en réparation, etc., — a été estimé par les hautes autorités navales de l'Amérique et de la Grande-Bretagne *entre 8 et 12 !!!*

« Cette estimation a été confirmée par les témoignages allemands.

« Quel aurait été le résultat de la guerre, si l'Allemagne avait compris en 1904 l'importance vitale du submersible, lorsqu'il venait d'être créé par Laubeuf à la suggestion de l'amiral Fournier ?

« Quelles auraient été les destinées de l'Angleterre, si 300 sous-marins allemands avaient bloqué son accès à la mer le 5 août 1914 ?

« Heureusement... von Tirpitz a compris le sous-marin dix ans trop tard...

« Les préparations de guerre de l'Allemagne étaient complètes pour toutes les opérations de terre.

« Mais elle n'avait pas la seule arme qui eût assuré aux puissances centrales une maîtrise complète et immédiate de la mer, et aurait en réalité *étranglé l'Angleterre au commencement même de la guerre...* »

Voila pour l'Angleterre.

Et la France? On lui fait espérer la réduction de l'armée allemande, matériel et effectifs...

Quelle illusion ! Quelle dérision !

Comment empêcher l'Allemagne de fabriquer secrètement son matériel et d'exercer secrètement son personnel ?

Pour le matériel, il n'y avait qu'un seul moyen d'aboutir, à savoir, *lui enlever le bassin minier et métallurgique de la Ruhr,* en fondant une *République Rhénano-Westphalienne,* indépendante ou simplement autonome, détachée ou fédérée.

Mais cela, c'est la question de la *Rhénanie usurpée ;* c'est-à-dire la question que, violemment et obstinément, le Congrès a écartée.

Pour le personnel non plus, il n'y avait qu'un seul moyen d'aboutir, à savoir : enlever à la Prusse-Allemagne la libre disposition de *tiers ou moitié* de son territoire ou de sa population en libérant de sa main-mise l'*Allemagne du Sud,* en même temps que l'on affranchirait la *Rhénanie.*

Mais cela, c'est la question de la *Germanie subjuguée :* c'est-à-dire, c'est la question que, violemment et obstinément, le Congrès a écartée, comme la question de Rhénanie !

Si vous enlevez à la Prusse, *en les autonomisant,* la Rhéno-Westphalie et le groupe Saxe-Bavière-Wurtemberg, vous lui enlevez la libre disposition d'une partie de son charbon et d'une partie de ses populations.

A la bonne heure !

Mais si vous les lui laissez, comment pouvez-vous empêcher la Prusse de forger du *matériel de guerre* avec ce charbon ou du *personnel de guerre* avec ces populations ?

Dans la vaste nation prusso-allemande en fermentation, ne voyez-vous pas comment vos rares et maigres *Commissions de contrôle* sont déjà perdues et noyées, ainsi que des coquilles de noix sur un océan soulevé !

Ainsi, votre prétention de désarmer l'Allemagne apparaît radicalement impossible, et même contradictoire ou absurde, si vous prétendez *supprimer les effets en maintenant les causes,* c'est-à-dire si vous prétendez limiter son *matériel* et ses *effectifs,* tout en lui laissant la libre et entière disposition de tout son charbon et de toutes ses populations

III.

Mais ce n'est encore rien, et le Congrès a fait dix fois mieux.

Le Congrès n'a pas seulement *conservé* l'Unité de l'Empire allemand : il l'a *renforcée!*

La dynastie des Hohenzollern est (momentanément) tombée ; et, à sa suite, sont tombées les vingt-deux autres dynasties allemandes, qui conservaient aux divers Etats allemands *une relative autonomie.*

Or, sous le regard bienveillant du Congrès Interallié, les dirigeants du *Reich* se sont empressés d'abolir ces restes d'autonomie, diplomatique, militaire, ferroviaire, postale, etc., et de réaliser ainsi *une absolue centralisation.*

A telle enseigne que la Presse allemande a pu dire de prime abord et indéfiniment répéter depuis :

Puisque l'unité allemande est sauve, tout est sauf !

Tout est sauf... je crois bien ! Puisque tout peut être regagné, et regagné au double et au triple, sinon au décuple et au centuple !

IV.

Mais ce n'est encore rien, et le Congrès a fait cent fois mieux.

Jusqu'ici, l'Empire des Hohenzollern se trouvait plus ou moins contrebalancé par d'autres grands Empires : l'*Empire austro-hongrois,* l'*Empire russe,* l'*Empire turc...*

Mais voici les Alliés qui, pour désarmer l'Empire allemand, ne trouvent rien de mieux que de *conserver et de renforcer son Unité, et... de briser l'Unité de ses rivaux !*

Disloquée et écartelée, la Russie !
Disloquée et écartelée, l'Autriche !
Disloquée et écartelée, la Turquie !

De sorte que, soit sous la Monarchie officiellement restaurée des Hohenzollern, soit sous la Dictature ouvertement instaurée des Junkers, le *Reich* va se dresser plus compact et plus dense et plus un que jamais, — *au milieu d'une Europe effondrée !*

Avant la Grande Guerre, l'Allemagne des Hohenzollern travaillait ardemment à créer la *Mittel-Europa,* sans encore trop y réussir.

Or, les Allemands ont été vaincus, et les Hohenzollern renversés.

Qu'à cela ne tienne : les Alliés ne sont-ils pas là, les vainqueurs de l'Allemagne ne sont-ils pas là, — pour faire, au profit de l'Allemagne, ce que les Hohenzollern eux-mêmes n'avaient pas encore pu faire, c'est-à-dire pour procurer à l'Allemagne la *mainmise sur l'Europe centrale et orientale,* et ainsi décisivement, *lui frayer les voies à l'Empire de l'Europe, marchepied assuré de l'Empire du Monde !*

« LA MITTEL-EUROPA EST FAITE ! » s'écrie quelqu'un qui doit s'y connaître, à savoir, l'historien de Richelieu, ancien Ministre des Affaires étrangères, M. Hanotaux.

Je le crois bien qu'elle est faite ! Dans de telles conditions, comment pourrait-elle n'être pas faite !

La découverte par Newton de l'*attraction universelle* n'a pas illuminé seulement la Cosmologie, mais aussi la Politique :

« Les corps s'attirent en raison directe des *masses* et en raison inverse du carré des *distances.* »

Comment l'*énorme masse allemande,* unifiée en 1870, et sur-unifiée en 1920, pourrait-elle ne pas exercer son irrésistible *attraction* sur ce qui n'est plus qu'une *poussière d'État* à elle *contiguë ?*

Oui, certes, virtuellement, « *elle est faite, la Mittel-Europa* » ! Et oui, certes, virtuellement, il est fait, au profit de l'Allemagne, *l'Empire de l'Europe !*

Et cela, par les mains même de ses prétendus vainqueurs, — *par les mains innocentes de la France brimée, et par les mains suicidaires des Anglo-Saxons aveuglés !*

Conclusion.

Comment conjurer le danger ?

Il n'y a rigoureusement que deux moyens :

1º Ou bien amputer la Prusse-Allemagne de ses *Junkers* et de ses *Professeurs*, en rasant ses *vingt mille Manoirs héréditaires* et ses *vingt-deux Cités universitaires*, — ardents foyers de son *Pangermanisme ;*

2º Ou bien, laisser la Prusse-Allemagne moralement intacte, mais relâcher politiquement l'emprise de la Prusse sur *la Rhénanie et la Danubie autonomisées.*

Cela tient en deux mots :

1º Ou *niveler* chirurgicalement ;

2º Ou *fédérer* organiquement.

Et comme le premier moyen n'est pas à envisager, il n'en reste qu'un, le second :
D'où l'alternative de vie ou de mort :
Ou *l'Allemagne fédérée,* — ou *la Planète esclave !*

P. S. — J'ai signalé plus haut le récent livre du grand ingénieur français, M. Philippe Bunau-Varilla, et son pathétique témoignage : hier, *par les sous-marins allemands,* l'Angleterre et l'Entente ont failli périr. Et, dans la pensée des Allemands, ce n'est sans doute que partie remise.

Mais voici mieux. Voici la récente brochure, tirée à un million d'exemplaires, des grands industriels, MM. André et Edouard Michelin, et leur angoissant avertissement : demain, *par les milliers d'avions allemands,* Bruxelles et Londres et Paris peuvent être inopinément et totalement anéantis.

Epilogue.

LA « CHAUDE FRÉNÉSIE DE LA VIE » *(Shakespeare)*

Le mot le plus décisif sur les Allemands, depuis la Grande Guerre, a été dit, en février 1920, à l'Hôtel des Sociétés Savantes, par le citoyen Griffuelhes.

Le citoyen Griffuelhes a dit, en substance :

Dans vingt ans, les Allemands seront maîtres de l'Europe, non pas seulement parce qu'ils sont en effet passés maîtres en matière d'organisation militaire et en matière d'organisation économique, mais aussi et surtout parce qu'ils ont une *philosophie.*

Voilà le mot décisif.

Oui, les Allemands ont une *philosophie,* dont ils nous ont d'ailleurs emprunté le principe ; une *philosophie* qui est la véritable et secrète source de cette *force* dont ils font d'ailleurs un si exécrable usage ; une profonde et puissante *philosophie sociale.*

Pour le vulgaire des individus et des peuples, non encore suffisamment initiés à la *vraie philosophie moderne*, le mirage des *paradis posthumes* semble s'être évanoui, et, seules, semblent rester aux humains *la vie et la destinée terrestres*, qui leur paraissent chose essentiellement pauvre et vide, réfrigérante et décourageante.

D'où leur sourd désenchantement, et leur inconsciente langueur !

Pour les initiés, au contraire, qu'importent les vains mirages ? Pour eux, *la vie et la destinée terrestres*, pénétrées en leur profondeur, se sont révélées chose infiniment riche et pleine, infiniment exaltante et enivrante.

D'où leurs ambitions frénétiques, et leur incoercible élan !

D'où leur natalité débordante, et leur activité dévorante !

D'où leur énergie, et leur synergie, acharnées à la conquête du monde !

Oui, les Allemands sont comme soulevés et emportés par ce que Shakespeare appelle si magnifiquement : « *la chaude frénésie de la vie* » !

Basse ivresse, certes, chez les êtres vils ; mais chez les nobles êtres, ivresse sacrée !

Or, *aucune force ne se limite elle-même*.

Malheur donc aux peuples dont les yeux ne s'ouvriraient pas à la vérité nouvelle, à l'*enivrante vision de la nouvelle terre et des nouveaux cieux !*

Ils seraient balayés de la carte du globe.

Ce n'est que par une profonde révolution mentale et morale, ce n'est que par une profonde initiation et une profonde rénovation philosophiques, ce n'est que par une profonde renaissance spirituelle, en un mot, ce n'est que par *un grand réveil de foi*, — *de foi en la vie terrestre*, — que la généreuse et douloureuse France peut encore être sauvée.

Héroïque et tragique France !

Vous lui arrachez au contraire le sens de son Histoire et le culte de son Passé.

Vous lui arrachez jusqu'au sens et au culte du divin immanent à l'Univers.

Et ainsi *ses aïeux* et *ses dieux* s'abolissent.

Vous lui arrachez le culte du Sol.

Vous lui arrachez le culte du Foyer.

Et ainsi *sa terre* et *sa race* périssent. N'entendez-vous pas un René Bazin sonner leur glas en Touraine ? Et un Docteur Emmanuel Labat sonner leur glas en Aquitaine ?

Vous arrachez ces quatre cultes de son cœur. Vous lui ouvrez ses quatre artères. Et son sang coule à flots.

Et puis vous lui dites : Va ! Marche vers l'avenir ! Va !

Ah ! rouvrez lui d'urgence, approfondies et enrichies, ces quatre sources de son être ! Rendez-lui son sang et son âme, sa vie et sa foi !

15 octobre 1920.

PARIS

P. HARAMBAT, Imprimeur

5, rue Saulnier, 5

Du même Auteur :

Les Héros, le Culte des Héros, et l'Héroïque dans l'Histoire, par THOMAS CARLYLE ;
Traduction française et Introduction : *Le Crépuscule des Dieux.*
In-18°, XLI-387 pages (Chez Armand Colin.)

Les Hommes représentatifs, par EMERSON ;
Traduction française (en collaboration) et Introduction.
In-18°, XVI-289 pages (Chez Crès.)

La Vie intense, par TH. ROOSEVELT ;
Traduction française (en collaboration) et Introduction : *L'Idée de Guerre et de Patrie.*
In-18°, XLVII-275 pages (Chez Flammarion.)

Le Salut de la Race blanche et l'Empire de mers, par l'Amiral MAHAN ;
Traduction française et Introductions : a) *La Croix et l'Épée en Occident.*
b) *L'Expropriation des Races incompétentes.*
In-18°, LXVIII-279 pages (Chez Flammarion.)

*   *

L'Âme française et les Universités nouvelles selon l'Esprit de la Révolution ;
Opuscule in-16°, 80 pages (Chez Armand Colin, 1892.)

La Cité moderne :
Métaphysique de la Sociologie.
In-8°, XXIX-691 pages (Chez Alcan, 1895.)

Les quatre problèmes sociaux :
Leçon d'ouverture de la Chaire et du Cours de Philosophie sociale
au Collège de France.
Brochure in-8°, 30 pages (Chez Colin, 1897.)

*   *

Sans Russie, pas de France !
Brochure in-4°, 40 pages. (Chez Floury, 1920.)

. . . Et pas de France sans Rhénanie !
Brochure in-4°, 110 pages. (Chez Floury, 1920.)

Le Vingt-quatre Armures de la Pangermanie
ou Qu'appelez-vous donc désarmer l'Allemagne ?
Brochure in-4°, 28 pages. (Chez Floury, 1920.)

Renan et l'Angleterre
ou l'École de Manchester et la perdition de notre Occident.
Brochure in-4°, 20 pages. (Chez Floury, 1920.)

P. HARAMBAT, Imprimeur, 5, Rue Saulnier, PARIS.

9 782329 171265